QUELQUES RÉFLEXIONS

SUR

LES NOMS DES RUES & PLACES PUBLIQUES

A CLERMONT-FERRAND

I

En ce temps de grandes améliorations locales proposées, projetées, exécutées, ou en cours d'exécution, il paraîtra peut-être d'un bien mince intérêt de venir parler de la dénomination des rues et places publiques. A première vue la chose est de peu d'importance, c'est vrai. Si l'on n'envisage les noms des voies publiques que comme un moyen d'en faciliter l'indication, il importe peu qu'une rue s'appelle de tel ou tel nom ; on pourrait même simplifier en désignant, comme en Amérique, je crois, chaque rue, chaque place, par un numéro ou une lettre de l'alphabet.

Mais un nom de rue n'a pas seulement pour objet de servir d'indication et de faciliter les relations et correspondances. Comme toutes les villes ne sont pas assez riches pour ériger des statues ou des monuments commémoratifs aux hommes qui leur ont été utiles ou aux personnages qui leur ont communiqué l'éclat de leur célébrité, il est passé dans l'usage de désigner les voies publiques par les noms de ces hommes. C'est un moyen à la fois plus facile et moins onéreux de payer une dette de reconnaissance, d'honorer le mérite et de rappeler en même temps à toutes les classes de la population le souvenir des illustrations locales.

C'est en se plaçant à ce point de vue que le Conseil municipal de Clermont ferait bien, à mon avis, d'opérer une révision des noms des rues et places de notre ville. Déjà en 1820 un arrêté municipal avait changé les noms d'une quinzaine de nos voies publiques. Mais depuis on avait négligé presque totalement cette partie pourtant intéressante de la voirie.

Ce n'est pas cependant que tout soit pour le mieux sous ce rapport, dans notre bonne ville de Clermont.

Il y a d'abord à dénommer des rues et places qui n'ont aucun nom. Ce sont, sauf erreur :

1° La place neuve où aboutissent la rue Blatin, la route de Chamalières et la rue du Bois-de-Cros ;

2° La rue où se trouve la chapelle évangélique, qui va de la rue Blatin à Fontgiève ;

3° La place où se tient le marché au bois de chauffage ;

4° La rue qui part de la rue Fontgiève, près la maison Bonnabaud, et se dirige dans le quartier Saint-Alyre ; on la désigne quelquefois sous le nom de rue des Hospices ;

5° Le tronçon de rue qui de la place Désaix débouche sur la rue Ballainvilliers en face du marché au blé ;

6° Le nouveau boulevard qui, partant de la route d'Issoire, passe sous le Jardin des plantes et l'Hôtel=Dieu et arrive à la route de Bordeaux en face du nouveau marché des Salins ;

7° L'avenue, en cours d'exécution, qui de la barrière de la Croix-Morel se dirige directement sur l'entrée de la gare du chemin de fer ;

8° La rue ou chemin qui de l'avenue de la Croix-Morel va aboutir à l'entrée de la nouvelle caserne de cavalerie sur l'avenue centrale.

Puis il y a les noms des anciennes rues à revoir, et, s'il est nécessaire, à changer.

Ainsi, vérification faite, je supprimerais d'abord les fautes d'orthographe. Je ne laisserais plus s'étaler sur des écriteaux des noms comme ceux-ci :

Rue des *Petits-Tueries*.

Place *Dezaix*.

Remarquons à ce propos que Desaix est réellement malheureux à Clermont. On a estropié son propre nom, et l'on a, sur le piédestal de sa statue, à Jaude, tronqué le nom d'une des victoires qu'il a remportées. On devait écrire *Kehl* et non pas *Kelh*.

Il y a beaucoup de noms qui ne sont aujourd'hui compris de personne. Ce sont des noms respectables, sans doute, qui ont eu leur raison d'être. Mais ils n'ont plus cours ; et dès lors, il faut les retirer de la circulation et les classer à part comme des médailles linguistiques bonnes à être consultées par ceux qui s'occupent de l'histoire de la langue. Je citerai dans cette catégorie les noms suivants : la rue *Barnier*, jadis *Barmet*; la rue *Forosan*; la rue des *Aises*; la rue de l'*Ente*; la rue *Cadène*; la rue *Prévote*; la rue *Neyron*; la rue *Barbançon*, etc., etc.

D'autres noms, quoique ayant une signification compréhensible en eux-mêmes, n'ont actuellement aucune raison d'être appliqués à une rue; tels sont :

La rue de la *Treille*; la rue des *Bons-Enfants*; la rue *Truie-qui-File*; la rue du *Billard*; la rue *Couronne*; la rue des *Quatre-Passeports*; la rue de la *Sellette*; la rue des *Trois-Moineaux*; la rue du *Cheval-Blanc*, etc.

A tous ces noms je donnerais sans regret des successeurs.

Maintenons, si vous le voulez, la plupart des noms de saints. Beaucoup rappellent de grandes vertus ou des services rendus dans des temps déjà loin de nous. Maintenons aussi certains noms qui sont comme incrustés dans la mémoire des habitants et qui servent à désigner tout un quartier :

La place de *Jaude*; *Fontgiève*; la rue des *Gras*; la place du *Champgil*; la rue *Saint-Eloy*; *Saint-Alyre*, etc.

Mais débarrassons-nous des appellations bizarres et énigmatiques. Qu'il n'y ait plus :

De place *Devant-Clermont* et de place *Derrière-Clermont*; plus de rue des *Bohèmes*; rue du *Sauvage*; rue de l'*Ange*; rue du *Chapon*; plus de rue d'*Enfer* et de rue du *Paradis* : l'enfer est plus peuplé et le paradis plus beau. Qu'il n'y ait plus de rue des *Aimés* : nous ne sommes pas au pays du Tendre; plus de rue des *Chats* : Clermont, que je sache, n'a pas eu de Capitole préservé par des matous.

Pourquoi conserverions-nous une rue des *Peigneurs*, une rue de la *Coifferie*, etc., puisque les peigneurs et les perruquiers n'y sont plus groupés ?

Changeons encore des noms comme ceux-ci :

Rue de l'*Ancien-Cimetière*; rue du *Cimetière-Saint-Adjutor*. Les vivants n'aiment pas à se souvenir qu'ils habitent le séjour des morts.

Ne laissons plus de rue ou place *Royale*. Je n'aime pas ces rues girouettes qui, à chaque secousse politique, laissent envoler leur nom.

Evitons les noms doubles; que la même dénomination ne serve pas à désigner deux rues distinctes et séparées.

comme, par exemple, la rue de l'*Etoile* et la place de l'*Etoile;* la rue *Villeneuve* et le cul-de-sac *Villeneuve.*

Evitons aussi d'avoir pour une même place deux appellations différentes, comme cela a lieu pour le marché au poisson, qui porte à la fois le nom de place du *Mazet* et celui de place du *Marché-au-Poisson.*

Supprimons enfin, pour empêcher des erreurs faciles à commettre, les noms rappelant des établissements qui ont changé de quartier. Qu'il n'y ait plus devant la caserne d'infanterie de boulevard du *Grand-Séminaire*, puisque le grand séminaire est établi à Montferrand. Qu'il n'y ait plus, près de l'Hôtel-Dieu, de rue du **Bon-Pasteur**, puisque le couvent du Bon-Pasteur est actuellement près de la rue de l'Oratoire. Qu'il n'y ait plus, près de la rue Pascal, de rue des *Ursulines*, du moment que les ursulines sont allées s'établir dans l'ancien couvent des Bénédictins à Saint-Alyre.

II

Voilà bien des noms à terre. C'est un vrai 93. Nous avons débaptisé bien des rues. Reste à leur reconstituer un état civil. Cela ne sera pas difficile, je l'espère. Cherchons dans nos annales, et nous trouverons d'illustres parrains. Cherchons depuis les temps reculés jusqu'au moment qui nous touche; mais arrêtons-nous là. Ne prenons pas les noms d'hommes vivants, quelque grand que soit leur mérite. On n'érige pas habituellement de statues aux vivants; la postérité n'a pas commencé pour eux.

Bornons donc notre choix aux noms des célébrités qui ne sont plus; nous serons assez riches encore. Nous n'aurons plus, malheureusement, Pascal, Domat, l'Hospital, Désaix, puisque leurs noms ont déjà été donnés à quelques-unes de nos voies publiques. Mais au-dessous d'eux, et avec un éclat bien grand encore, bien de rares talents, bien de grands esprits se sont fait jour en Auvergne; bien des noms ont mérité de survivre.

Pour moi, si j'avais mission de choisir des désignations dans ce Panthéon de l'Auvergne, parmi les hommes célèbres des époques antérieures à la nôtre, j'emprunterais leurs nom à :

Jean Deschamps, l'architecte de notre belle Cathédrale;

Aycelin de Montaigut, le chancelier de France;

Pierre-le-Vénérable ou de Cluny, de la famille de Montboissier, un des hommes et des écrivains les plus remarquables du douzième siècle.

Pierre d'Auvergne, évêque de Clermont, disciple et continuateur de saint Thomas d'Aquin ;

Jacques d'Amboise, 79e évêque de Clermont et frère du cardinal-ministre de Louis XII. C'est à lui que nous devons cette belle fontaine aujourd'hui placée au croisement du cours Sablon et de l'avenue centrale du chemin de fer. Pourquoi cette avenue ne s'appellerait-elle pas *Avenue d'Amboise?*

A Rigault d'Aurelle, seigneur de Villeneuve-Lembron, qui fut tour à tour capitaine des francs archers auvergnats, ambassadeur du roi de France en Allemagne et à Venise ;

Anne Dubourg, qui préféra la mort au sacrifice de ses convictions ;

Basmaison, Mazuer, deux jurisconsultes éminents ;

Guillaume Duprat, 81e évêque de Clermont, qui consacra une partie de son immense fortune à la construction et à la dotation d'un hôpital dit de Saint-Barthélemy, qui occupait l'emplacement compris aujourd'hui entre la rue Saint-Louis, la rue Neuve et la rue Saint-Barthélemy. Le nom de *Rue Duprat* devrait, ce me semble, être substitué à celui de rue Neuve. Ce serait rappeler le bienfait sur les lieux mêmes où il a été accompli.

A Génébrard, de Riom, archevêque d'Aix, un des érudits les plus distingués du seizième siècle ;

Au maréchal d'Effiat, qui, sous Louis XIII, occupa successivement les plus hautes fonctions du royaume : celle de grand maître des mines et minières, de maréchal de France, de surintendant des finances, d'ambassadeur en Angleterre, etc. C'est lui qui fonda l'école militaire d'Effiat, où fut plus tard élevé Désaix ;

Au jésuite Sirmond, un des maîtres de l'érudition ;

A Antoine Arnauld, le grand philosophe ;

A Cordemoy, de Royat, un des premiers membres de l'Académie française ;

Bourzeis, de Volvic, un des plus habiles théologiens du dix-septième siècle. Il passe pour avoir été un des rédacteurs du Testament politique de Richelieu ;

Jean Soanen, l'illustre prédicateur ;

Michel Rolle, l'algébriste, un des membres les plus remarquables de l'ancienne Académie des sciences, mort en 1719 ;

A Marivaux, de l'Académie française, le spirituel auteur des *Fausses Confidences*, du *Legs*, et de tant d'autres comédies célèbres ;

, Au poète Danchet, de Riom, qui fut jugé digne de prendre place à l'Académie française;

A l'amiral d'Estaing, qui illustra le règne de Louis XVI par ses nombreuses victoires sur les Anglais ;

Au marquis de Bouillé, digne émule de d'Estaing dans la guerre avec l'Angleterre ;

A Champfort, dont l'esprit était en si grande estime à Paris, à la fin du dernier siècle ;

A Chabrol, le meilleur des commentateurs de notre coutume d'Auvergne, etc., etc.

Parmi les modernes, je prendrais pour parrains :

Charles Romme, un des créateurs de la science hydrographique ;

Bergier, le jurisconsulte ; — Dulaure, l'historien ;

Lafayette, une des plus belles et des plus honnêtes figures de la révolution. Pourquoi n'appellerions-nous pas *boulevard Lafayette* le nouveau boulevard sous le Jardin des plantes? Avant comme après la révolution il s'est beaucoup occupé de l'Auvergne; et cependant, tandis qu'aux Etats-Unis on rencontre un grand nombre de *Fayetteville*, , de *Fort Lafayette*, etc., l'Auvergne, sa patrie, n'a pas un monument, pas un écriteau qui rappelle son glorieux souvenir. Il y a là une injustice, un oubli à réparer.

Mossier, le chimiste ;

L'abbé Delarbre, le naturaliste fondateur de notre Jardin des plantes ;

Gaultiér de Biauzat, qui fut tour à tour député aux Etats généraux, maire de Clermont, juge à Paris, juge au tribunal de cassation. Voilà un homme que la ville de Clermont n'aurait pas dû laisser si longtemps dans l'oubli. C'est, en effet, en grande partie au zèle persistant de M. de Biauzat, son député à la Constituante, que la ville de Clermont doit d'être le chef-lieu du département du Puy-de-Dôme. En 1790, la ville de Clermont comprenait si bien ce qu'elle devait à M. de Biauzat, qu'elle fit élever ses trois enfants à ses frais, et qu'elle fit faire son portrait pour être placé dans la salle des délibérations du conseil de la commune. Mais, hélas ! 1793 a balayé tous les souvenirs, et avec eux toute idée de reconnaissance. Réparons cet injuste oubli. Il n'est jamais trop tard pour cela ; et donnons le nom de *Biauzat* à une des rues les plus rapprochées de la rue Ballainvilliers qu'il habitait, à la rue Saint-Jacques élargie, par exemple.

Je prendrais encore pour parrains de nos rues :

GRIMOALD MONNET, le savant chimiste de Champeix ;

FAVARD DE LANGLADE, le jurisconsulte ;

PIERRE BONNET, le chirurgien si distingué qui a présidé à la fondation et à la bonne direction de notre Ecole de médecine ;

BAUDET-LAFARGE, à la fois législateur et naturaliste ;

Le baron GRENIER, e savant magistrat ;

L'amiral GOURBEYRE ; — le docteur BRESCHET, une des gloires de la médecine ; — le cardinal GIRAUD ; — MICHEL BERTRAND, le régénérateur du Mont-Dore ;

Le grand paysagiste MARILHAT, de Thiers ; — le peintre d'histoire DEGEORGES, un des meilleurs élèves de David ; — l'abbé CROIZET ;

GEORGES ONSLOW, l'éminent musicien que l'Allemagne nous envie ;

BRAVARD, le savant professeur de droit ;

L'avocat MICHEL, à qui notre musée et notre bibliothèque doivent un grand nombre d'excellents tableaux, de livres et d'objets rares et curieux, etc., etc.

J'allais oublier un nom moins connu, AMADEO. Et de fait, pourquoi n'y aurait-il pas à Clermont la rue *Amadeo*? La ville de Clermont ne doit-elle pas un souvenir à celui qui a doté la Limagne de l'industrie des pâtes alimentaires? JEAN ALTHEN, le Persan, l'importateur de la culture de la garance dans le Comtat-Venaissin, a bien une statue à Avignon. AMADEO l'Italien a des titres égaux à voir son nom survivre dans notre Auvergne, dont il a contribué à augmenter la richesse. Peu importe que sa tentative n'ait pas profité à sa fortune personnelle. S'il est resté pauvre, il a enrichi le pays ; le pays doit d'autant plus s'en montrer reconnaissant.

Après avoir pris les noms des hommes utiles et des personnages célèbres, ne serait-il pas convenable de rappeler les noms de ces anciennes familles de notre province qui ont occupé en France une position si élevée, comme les la TOUR-D'AUVERGNE, les CHABANNES, etc.? Ne pourrions-nous aussi choisir parmi nos administrateurs des noms tels que TRUDAINE, MONTHYON, CHAZERAT, RAMOND?

TRUDAINE, intendant d'Auvergne de 1730 à 1734, fut le promoteur des premiers progrès accomplis dans la grande voirie de notre province, et fit consacrer la réunion définitive de Montferrand à Clermont. (On pourrait appeler *Avenue Trudaine* la portion de route qui relie Clermont et Montferrand.)

MONTHYON, intendant d'Auvergne de 1767 à 1773, chercha par ses libéralités et ses aumônes à atténuer les malheurs de la famine qui désola l'Auvergne pendant son administration.

CHAZERAT, le dernier des intendants d'Auvergne et un des premiers parmi les hommes de bien, continua dignement les traditions de MONTHYON en employant son immense fortune à soulager ses administrés.

RAMOND, préfet du Puy-de-Dôme de 1806 à 1814, et député de ce département pendant les Cent-Jours, faisait marcher de pair l'étude des sciences et l'administration. Par ses recherches et son travail, il contribua puissamment à faire connaître les richesses naturelles de la basse Auvergne.

Je n'ai pas à citer tous les noms qui pourraient être donnés aux rues de Clermont. La nomenclature serait trop longue. Je veux seulement, en terminant, indiquer quelques dettes de reconnaissance à acquitter, quelques oublis à réparer.

Ainsi rien ne rappelle aux descendants des Arvernes le souvenir de Vercingétorix, le vainqueur de César. Comme le nom du héros serait un peu long et difficile pour un nom de rue, ne pourrait-il pas y avoir à Clermont une rue ou place des *Gaulois*, une rue ou place de *Gergovia*, par exemple?

Ne serait-il pas convenable aussi de rappeler ces chevaliers de Malte, qui avaient donné à une des sections de leur ordre le nom de *Langue d'Auvergne*? L'Auvergne, où ils possédaient de grands biens, leur a fourni nombre de chevaliers et plusieurs de leurs plus éminents grands-maîtres.

Passons à une question d'autant plus délicate et plus difficile à résoudre que, tout en étant juste, sa solution heurte les idées reçues.

Il est des noms que l'histoire a flétris. Parmi ces noms, il en est deux, entre autres, qui se rapportent à l'Auvergne, *Catherine de Médicis* et *Jean de Doyat*. Catherine de Médecis fut l'inspiratrice de la Saint-Barthélemy, et Doyat, l'un des favoris du roi Louis XI, et des plus sévères exécuteurs de ses volontés.

Mais, si nous ouvrons l'histoire locale, les couleurs changent, le tableau n'est plus le même. Catherine n'est plus la mère abhorrée des Valois, et Doyat le sbire du roi niveleur. Tous deux se firent connaître en Auvergne, à Clermont surtout, par de nombreux bienfaits.

C'est grâce à Doyat, alors gouverneur du haut et bas pays d'Auvergne, et malgré l'opposition la plus ardente du cardinal de Bourbon, évêque de Clermont, que Clermont obtint du roi, en août 1480, des lettres-patentes accordant un consulat et une maison commune; c'est grâce à lui que la police fut organisée à Clermont, les foires et marchés multipliés, le commerce protégé et règlementé. C'est encore lui qui, lors de la famine qui, jointe à la peste, désola l'Auvergne dans l'hiver de 1481 à 1482, accourut tout exprès pour soulager les misères du peuple, distribua des aumônes, fit arriver des blés, et assura des secours et des soins aux pauvres et aux malades. Doyat fut dur aux grands, mais doux aux petits ; et si d'autres peuvent se souvenir de ses fautes (cruellement expiées, du reste), Clermont ne doit garder souvenir que de ses bienfaits (1).

Laissons ausi à d'autres le soin de jeter la pierre à Catherine de Médicis. A Dieu ne plaise, certes, que nous approuvions ses criminelles et astucieuses intrigues contre les protestants ! Mais nous, Clermontois, dont la ville n'a pas été ensanglantée par la St-Barthélemy, nous qui avons profité des bienfaits de Catherine, laissons dans l'ombre le mal qu'elle a fait, et ne songeons qu'aux bienfaits dont elle n'a cessé de combler nos aïeux.

Rappelons-nous que c'est elle qui, en 1551, fit ériger à Clermont une sénéchaussée ; qui, en 1556, fit rendre par

____

(1) Sur *Doyat*, consulter la curieuse et intéressante notice de M. Bardoux.

le roi, en faveur des habitants de Clermont, un édit d'exemption des tailles et subsides ; qui, en 1582, fit établir à Clermont un siége présidial et donna aux habitants son palais, dit de Boulogne, pour servir de maison commune. Rappelons-nous enfin que sa mère était une La Tour-d'Auvergne.

Pour Doyat comme pour Catherine, ne consultons donc que notre reconnaissance, et, sans dédaigner les jugements de l'histoire, ne soyons point ingrats parce que nos bienfaiteurs ont été criminels. Ce sera en même temps faire œuvre de justice que de mettre en lumière ce qu'il y avait de bon et de généreux dans ces natures passionnées, et, il faut bien le dire, perverties.

C'est d'après ces considérations que je voudrais voir à Clermont la *rue Doyat* et la *rue de Médicis*.

Pour me résumer, si l'on n'envisage les dénominations à donner aux voies publiques que comme un moyen de faciliter la police, les relations d'affaires et les correspondances postales, il est inutile de changer ce qui est. Mais si l'on se place à un point de vue plus élevé, si, dans cette question, on considère le côté moral et intellectuel, il convient alors de faire faire, par une commission désignée spécialement à cet effet, une révision approfondie du nom des rues et places publiques de notre ville de Clermont. Le sentiment public ne sera pas, je l'espère, défavorable à une pareille mesure.

Francisque MÈGE.

Clermont-Ferrand, imprimerie typographique de Mont-Louis.